LES SALLES DÉSERTES

DE

L'EXPOSITION.

ARCHITECTURE — VITRAUX — ÉMAUX.

(Supplément à tous les Comptes-rendus du Salon de 1853.)

PAR

Ad. BALDI.

Extrait de la REVUE PROGRESSIVE

Nos des 15 juillet et 1er août 1853.

PARIS

CHEZ DENTU, LIBRAIRE-ÉDITEUR

Palais-Royal, galerie d'Orléans, 13.

1853

LES SALLES DÉSERTES

DE L'EXPOSITION.

ARCHITECTURE. — VITRAUX. — ÉMAUX.

(Supplément à tous les comptes-rendus du *Salon de* 1853.)

Hélas! oui! dans ce palais des Menus-Plaisirs, dont les hauts lambris sont enrichis par les productions d'élite de nos nombreux artistes, il y a des salles qui restent à peu près désertes. Dans ce champ si vaste et si varié de l'exposition, le public, enfant gâté, qui craint la fatigue et l'étude pour ne songer qu'au plaisir facile, court aux fleurs les plus voyantes, s'en amuse un moment et dédaigne le reste. Les salles de la statuaire et de la peinture sont inondées de visiteurs. Ici, la foule bruyante, les amateurs passionnés, la critique attentive; ici l'éclat, la lutte, la vie; mais combien peu jettent un coup d'œil aux dessins corrects, aux plans étudiés, aux études consciencieuses de nos architectes? Qui ose se hasarder dans les ténèbres calculées de ce couloir, où quelques rares passants ont pu voir briller les œuvres resplendissantes de nos modernes gentilshommes verriers? et quel petit nombre de gens s'est donné la peine de distinguer des autres peintures les curieuses productions de nos émailleurs?

Ce dédain du public ne constitue pas seulement une cruelle injustice; mais, en outre, il a le tort d'atteindre précisément nos trois arts les plus éminemment nationaux. Cette belle architecture ogivale, qui nous vient de l'Orient, comme tant d'autres choses, transmise par les Perses aux Arabes, portée par ces derniers en Sicile, où l'y trouvèrent les Normands, et d'où elle se répandit peu à peu dans tout l'Occident continental, cette forme élégante, forte et sublime, s'est implantée d'abord sur notre sol, et fut employée dès le XIe siècle dans le midi de la France; et, quant au style charmant qu'on désigne sous le nom de Renaissance, s'il est vrai de dire qu'il nous est venu d'Italie, il faut bien reconnaître qu'il a subi chez nous une transformation telle, qu'il nous a constitué en France une véritable architecture propre, un style tout particulier, et que la Renaissance française, à quelques rares exceptions près, diffère davantage de ce qui porte le même nom en Italie, que le roman ne diffère du bysantin.

Emeric David et Bâtissier font remonter l'invention de la peinture sur verre aux règnes de Charles-le-Chauve et de Louis-le-Débonnaire, et citent le vitrage de Saint-Benigue, de Dijon (1052). Le moine Théophile, qui écrivait son traité des arts, probablement au XIIe siècle, peut-être au Xe, fait observer que cet art était spécialement cultivé dans notre pays. Dans la cathédrale d'Arezzo se trouvent les plus beaux vitraux de l'Italie, et nous en pouvons revendiquer la gloire ; les Italiens, un peu dédaigneux d'ordinaire à l'endroit des productions de l'art français, font une exception pour celles de Puget, du Poussin, et du *Monaco francese*, auteur des vitraux en question. Nest-ce pas encore en France que la pratique, un moment éteinte, de la peinture sur verre, s'est récemment réveillée avec le plus d'éclat?

C'est enfin à l'art de peindre en émail sur métaux, qu'appartient surtout le titre d'art national. L'antiquité ne paraît pas l'avoir réellement connu; Philostrate, au commencement du IIIe siècle, le signale chez nos pères les Gaulois. — M. de Laborde, dans sa Notice du Musée du Louvre, a démontré la permanente pratique de l'émaillerie en Gaule et en France jusqu'au XIe siècle, époque à laquelle commence la longue gloire officielle de Limoges.

Voilà pourtant ce que l'indifférence ou l'ignorance du public et de la critique dédaigne. Quant à cette dernière, elle allèguera, peut être, pour excuse, qu'elle entend s'occuper de la partie noble seulement des beaux-arts, et que ceux dont nous parlons ont conservé bien des rapports avec l'industrie et la touchent de trop près. Cette raison superbe ne saurait évidemment pas arrêter la *Revue progressive*, dont les sympathies et la protection spéciale sont acquises à l'industrie; qui sait que l'industrie, chez tous les peuples, à toutes les époques, a été la mère et la puissante tutrice des beaux-arts; qui veut, enfin, rendre plus étroite que jamais leur alliance féconde. Ce prétexte de silence, nous en faisons, au contraire, une haute raison d'examen et de publicité. Chaque année, le public intelligent et les artistes peuvent y compter, nous ferons ici leur part légitime à ces œuvres injustement laissées dans l'oubli, et nous allons commencer dès aujourd'hui ce compte-rendu supplémentaire des expositions. « A tout seigneur, tout honneur ! » C'est l'architecture que nous saluerons d'abord.

ARCHITECTURE.

Les anciens considéraient l'architecture comme le plus grand des arts, et, lorsqu'ils voulaient désigner une science d'une vaste étendue, ils la comparaient à l'architecture, à la morale ou à la médecine. « L'architecture, a dit avec raison M. Debret, demande peut-être plus d'imagination que les autres arts, pour imprimer à ses productions un caractère dont elle ne trouve d'autre exemple dans la nature que l'ordre, l'intelligence et l'harmonie qui y règnent, tandis que la peinture et la sculpture y puisent, non-seulement des modèles qu'elles représentent, mais encore l'expression des sentiments dont elles veulent animer leurs sujets. » — Quelques malins esprits diront peut-être que, de nos jours et depuis longtemps les architectes n'ont pas précisément fait preuve d'imagination, et que leurs productions n'ont pas encore réussi à revêtir un caractère bien particulier. A cet égard, nous répondrons que notre architecture porte, hélas! le cachet même de notre société : le manque de croyances et de certitude d'une époque de transition. Mais, avec le repos et dans le calme fécond de la méditation et de l'étude, le mouvement social se dessine. Nous commençons à voir surgir de notre sol, si longtemps convulsif, les premières assises d'une nouvelle civilisation ; avec celle-ci naîtra infailliblement une nouvelle forme architecturale : — Sur ce point, le passé nous répond de l'avenir. D'ailleurs, les esprits sérieux, les observateurs attentifs, en portant leurs regards sur la partie la plus vitale de la société moderne, du côté de l'industrie, ont pu remarquer que, là, de nouveaux besoins, l'emploi de nouvelles matières, telles que le fer et la fonte, ont déjà donné naissance à quelques nouvelles dispositions architectoniques, dans ces vastes constructions, ces immenses arcatures, ces gigantesques voûtes de nos usines, de nos docks et de nos chemins de fer. Le reste viendra de proche en proche ; l'architecture est le moins mobile des arts : un style ne s'improvise pas comme une mode. En attendant, nous conseillons le maintien et la régénération de nos deux styles essentiellement nationaux : l'Ogival pour les édifices religieux, et celui de la Renaissance pour les édifices civils ; distinction tellement juste, qu'elle fut observée par nos pères eux-mêmes, alors qu'ils abandonnaient le gothique pour l'imitation de l'antiquité, comme en font foi la chapelle, le château et l'église même d'Ecouen, de Jean Bullant.

Quoi qu'il advienne dans l'avenir, toujours est-il que, présentement, dans cette salle étroite de l'architecture, on trouve des trésors de science, d'érudition et de goût.

Citons en première ligne, pour les études antiques, les travaux de Jules Bouchet, sur *le Forum et la basilique de Fano*, d'après Vitruve, et l'essai de la restitution de la *Villa de Pline le consul,* en Toscane. Cette restitution est très habilement proposée d'après la lettre de Pline à Appollinaire, et la vaste villa est représentée dans toute sa splendeur, avec ses deux *triclinium*, son large hippodrome, ses bains, et son gracieux encadrement de bosquets, de vignes et de prairies. — Les dessins de M. Bouchet sont d'une élégance et d'une justesse parfaites. Rien de plus délicieux, sous ce rapport, que l'*Habitation romaine sur le bord d'un canal*. L'exposition tout entière de cet artiste est digne, en un mot, de l'auteur du recueil des *Compositions antiques*.

M. Penel a exposé aussi des dessins, dont l'un, exécuté à l'eau forte (*Vue générale des jardins Farnèse et d'une partie du Forum*), nous a paru d'une grande finesse et d'une parfaite exactitude.

Les Cryptes et chapelles peintes, de M. Giniez, et faisant partie de l'ouvrage intitulé : *Catacombes de Rome*, méritent aussi une mention honorable.

Les études de M. Compagnon, sur la *Serrurerie romaine et du moyen-âge*, dans l'ancienne province d'Auvergne, nous serviront tout naturellement de transition pour passer de l'antiquité aux arts des peuples modernes. On peut voir, à l'aide des spécimen présentés par M. Compagnon, combien l'art de nos serruriers du XVIe siècle l'emporte en variété, en élégance de dessin et de combinaisons sur la serrurerie des Romains ; ils nous montrent aussi combien nous avons perdu nous-mêmes, depuis cette puissante époque de la Renaissance. Les artisans d'alors faisaient un bijou du plus humble objet d'utilité, du meuble le plus infime; avec les marteaux des portes, les clés des coffres; ils faisaient manier des chefs-d'œuvre par la main de nos ancêtres, tandis que les serruriers de nos jours ne savent, la plupart du temps, offrir aux doigts gracieux de nos femmes les plus élégantes, que des anneaux grossiers et d'une forme commune. Nous signalons, en passant, cette remarque à notre industrie moderne, dont la mission est de s'enrichir de l'art en lui donnant la richesse, et de le vulgariser. On remarquera parmi tous les modèles reproduits par M. Compagnon, l'élégant clocher de Clermont-Ferrand, dont la cloche, placée en 1606, par les échevins *de la ville capitale d'Auvergne*, P. Bonafos et V. Brigon; porte cette inscription : « *Clam taciteque dies pereunt et muta feruntur secula, per vigili sed voce silentia rumpam.* » Les jours passent en silence, les siècles sont emportés sans bruit, mais je romprai le silence de ma voix vigilante. » Le même architecte nous a donné, sous les numéros 1716 et 1717, des morceaux excessivement curieux de *peinture murale et d'architecture domestique*, dans l'ancienne province d'Auvergne : la jolie maison des Montboissier à Clermont Ferrand, les peintures de l'archivolte d'une porte romane, celles de la porte de la chapelle Saint-Michel, et de la charpente de l'église Saint-Martin-d'Angers, sont surtout remarquables.

L'abbaye de Charlieu (Loire) a fourni à M. Tony Desjardins un dessin très joli, mais que nous croyons un peu flatteur pour l'édifice, quand nous comparons ce dessin avec la façade au trait. En général, il faut se défier de ces *portraits* de monuments faits par les architectes. Trop souvent ces derniers tiennent à faire un dessin qui plaise à l'œil, sans se soucier assez de l'exactitude de la ressemblance; à une époque où la science archéologique a fait d'aussi grands progrès, il serait temps d'abandonner cette vicieuse méthode.

Puisque nous avons parlé d'abbayes, disons tout de suite qu'une bonne part des honneurs de l'exposition architecturale appartient cette année aux plans relatifs à ce genre d'édifices. Au premier rang de ceux qui se sont occupés de ces restaurations, il faut citer M. Hérard, qui a entrepris et poursuit, depuis plusieurs années, avec un courage digne d'éloges, et un véritable talent, un travail complet sur les abbayes de l'ancien diocèse de Paris. M. Hérard a déjà donné le résultat de ses études sur les abbayes de Maubuisson et des Vaux-de-Cernay ; il nous offre, cette année, des études sur la curieuse *abbaye de Notre-Dame du Val* (Seine-et-Oise), ordre de Citeaux, fondée en 1136, par Ansel de l'Isle-Adam, grand louvetier de France sous Louis-le-Gros. On ne saurait voir rien de plus complet, rien de mieux étudié, de plus sagement entendu que ces vues, coupes, élévation, plans et détails de ce projet important de restauration. En étudiant le plan et sa légende circonstanciée, on est frappé des rapports que présentent les édifices monastiques du moyen-âge avec les dispositions des grandes *villæ* romaines. On sent que les premières se sont insensiblement substituées aux autres. Ce cloître carré, placé au milieu de l'ensemble, avec ses colonnes et son préau, n'est évidemment que le *péristyle* ou que l'*atrium* romains ; la salle capitulaire s'est assise à la place du *tablinium*, le lieu de réception des anciens maîtres du monde, et la cour de la Ferme, qu'on trouve en entrant, correspond à la *Villa-Rustica* des grandes maisons de campagne romaine. Tant il est vrai que, quels que soient les événements, le progrès humain ne peut marcher que pas à pas; que, dans la construction de l'édifice social, comme dans celle des autres monuments, la condition nécessaire de la durée et de la solidité, c'est la lenteur ; qu'il faut patiemment substituer une pierre à l'autre, et que la seule marche prudente et vraiment profitable, dans les deux cas, consiste dans la reprise en sous-œuvre des anciens temples et des vieilles civilisations. Les précédents travaux de M. Hérard ont déjà été récompensés d'une médaille en 1851, et ses plans ont attiré l'attention et les encouragements de la commission des monuments historiques ; mais il serait à désirer qu'un secours plus positif vînt bientôt en aide aux ressources personnelles, nécessairement bornées, d'un dévouement particulier, quelque grand qu'il puisse être; car, si l'on doit reconnaître qu'il est impossible de songer sérieusement à imposer à l'Etat la restauration et l'entretien des anciennes abbayes dont les ruines nombreuses couvrent le sol de la France, on doit tout au moins désirer que de savants architectes, comme M. Herard, conservent l'empreinte exacte de ces curieux édifices historiques, avant que n'aient achevé de disparaître les derniers vestiges qui doivent aider l'habile artiste dans cette pieuse, utile et patriotique mission.

Plusieurs autres projets de restauration de nos monuments nationaux figurent au Salon. M. Amé a exposé un plan de *Restauration et de décoration de l'église paroissiale de Saint-Quentin*. Le dallage des chapelles absidiales est d'un agencement heureux, très harmonieux de ton, et rappelle le style du pavage de l'ancienne cathédrale de St-Omer Nous ferons seulement observer que M. Amé, à côté de ce fin dallage historié ressemblant à de gracieuses incrustations d'ivoire, a placé dans le déambulatoire de l'abside un dallage triste et nu, vrai pavage de salle à manger, qui nous paraît établir un contraste par trop heurté avec son riche et délicat voisin. Nous reprocherons encore à M. Amé son autel, qui ne nous paraît pas d'un style très pur, et la pâleur de ses peintures, dont le ton devrait s'harmoniser fort imparfaitement avec l'éclat ordinaire des vitraux du XIIIe siècle.

Nous avons aussi de M. Sabatier un beau projet de *restauration de l'Abbaye de Saint-Georges de Bocherville* (Seine-Inférieure). De cette vaste et curieuse Abbaye des XIe et XIIe siècles, il ne reste plus guère aujourd'hui que l'église mutilée et le chauffoir. Les plans, coupes et dessins sont parfaitement exécutés, et les détails traités avec le plus grand soin. Nous recommandons notamment aux amateurs la belle pierre tombale, portant le n° 6, dont le marbre noir fruste, l'inscription, et toute la physionomie sont rendus avec une magique vérité.

M. Girardin a un dessin charmant de la *façade principale du château d'Écouen*, et d'une *restauration de la galerie de Psyché*, démolie en 1780 ; mais on regrette l'absence de plan de coupe et de façade latérale, qui puisse faire apprécier l'ensemble et la convenance du raccord. Peut-être n'en doit-on accuser que l'insuffisance de la place qu'on a pu accorder à l'architecture dans les bâtiments de l'exposition, et les explications que nous demandons ont dû peut-être demeurer, à son grand regret, dans le portefeuille de M. Girardin.

Nous avons vu, encore avec plaisir, un dessin colorié de l'*intérieur de la chapelle du palais public de Sienne*, par M. Alfred Normand. La peinture décorative de cette partie de l'ancien palais de la république est admirablement rendue. Cette décoration représente l'histoire de la sainte Vierge, et, comme l'indique une inscription placée dans un des arcs doubleaux, elle est due au pinceau d'un artiste siennois, Thadeus Bartholi, et date de 1414. — De la même époque, une superbe grille qui ferme la chapelle et que fabriquèrent Giacomo di Giovanni et son fils, glorieux artistes serruriers du xve siècle.

Mentionnons enfin les fragments des *sculptures de la façade méridionale du Louvre,* exposés par M. Jean Carot, élève de cette jeune école municipale de dessin, qui a déjà produit de si éminents sujets, et dont la mission, si bien remplie jusqu'à ce jour, est d'entretenir cette pépinière d'habiles praticiens et d'artisans artistes nécessaire pour conserver son cachet particulier au développement du grand mouvement contemporain de nos arts et de notre industrie nationale.

Mais quittons les dessins et plans relatifs aux édifices anciens, et arrivons aux projets de monuments modernes. Ici, en première ligne, se place le projet de *monument à élever à la mémoire de Napoléon II*, sur les hauteurs de Chaillot. Son auteur, M. Mimey, a tiré un très ingénieux parti de la disposition paticulière des lieux. Il a couvert d'immenses gradins tout le talus et le sommet de la butte, et il élève ainsi, à la manière antique, un vaste amphithéâtre d'où, aux jours de fêtes publiques, des milliers de spectateurs, dominant le vaste parallélogramme du Champ-de-Mars, le fleuve et tous les alentours, pourront jouir commodément des spectacles ordinaires des réjouissances nationales. Au bas de ces gradins s'élève, sur un gigantesque piedestal, un trône vide, sur le dossier intérieur duquel se lit cette simple inscription : *A Napoléon II.* Toute cette partie du monument a un aspect grandiose et mélancoliquement sévère, à la fois triomphal et funèbre, qui convient parfaitement à la glorification de la mémoire du *fils de l'homme.* M. Mimey, si je juge bien les indications rouges du plan, me paraît avoir la pensée d'élever, dans le Champ-de-Mars lui-même, une série de bâtiments qui en rétréciraient la superficie. — On ne saurait approuver une semblable idée qui, heureusement, du reste, ne constitue pas une partie essentielle du beau projet auquel nous venons d'applaudir.

On nous excusera sans doute de ne pas donner les mêmes marques d'approbation à M. Hardy, pour son projet d'*achèrement de la place de la Concorde*. Ce serait, en effet, pour l'*achever* aux yeux des gens de goût, cette pauvre magnifique place, déjà quelque peu gâtée par la décoration Tartaro-Mandchou de ses colonnes Carcel, et par son peuple de divinités nageant dans leurs deux étroites et moisissantes cuvettes. M. Hardy nous *le* semble réellement beaucoup d'oser proposer une semblable architecture de carton et de patisserie. Où l'artiste a-t-il pris ces singulières arcades ornées de cœurs percés et reposant sur de maigrelettes colonnes d'un rose pastoral?

Pendant que nous sommes en veine de critique, *exécutons* aussi, tout de suite, la singulière fantaisie de M. Pertuisot. Quelle fontaine! Et M. Pertuisot voudrait exposer cela dans un jardin public? Je m'y oppose formellement! Nos contributions ont bien d'autres affaires, oui-dà. La chose en question représente une forêt désordonnée de gigantesques champignons verdâtres et violacés, de l'espèce certainement la plus malsaine, et sous lesquels l'impardonnable auteur a l'imprudence de laisser jouer trois gros enfants, dont deux galopent sur des cygnes, tandis que l'autre navigue dans un baquet.

Revenons au sérieux. Voici une *Mairie* à élever quai Malaquais, pour le 10e arrondissement. — Ordre ionique en bas, — ordre composite au-dessus. — Le monument nous semble atteindre parfaitement le double but auquel doit viser l'auteur d'un édifice public dans la construction d'une simple municipalité. L'ordonnance est sobre en même temps que suffisamment élégante, et nous félicitons l'architecte, M. Charles Drouty.

Tout le monde connaît, autrement que par plans et dessins l'*Embarcadère du chemin de fer de l'Ouest* de M. Victor Lenoir. La partie supérieure du monument ne manque pas d'élégance, mais le soubassement n'a pas assez de caractère. A voir la maigreur de ces arcs, la sécheresse de ces moulures et leur banalité, on ne devine pas l'existence de cette circonstance extraordinaire de la voie de fer arrivant au-dessus, — la différence de niveau entre le sol du boulevart et le terrain de la voie offrait ici à l'architecte une occasion particulière dont il n'a pas su profiter. L'architecture, comme art, doit chercher l'expression : l'auteur n'en a donné aucune à son monument, malgré sa situation exceptionnelle.

Plusieurs architectes ont étudié la question fort intéressante et tout actuelle de maisons ouvrières. Le projet de M. Léon Isabey est loin de nous satisfaire. Son immense bâtiment unique, dont l'intérieur est dépourvu de toute décoration, de toute grace artistique, même la plus simple, a l'apparence maussade d'une prison ou d'une usine. Je doute fort que les pauvres ouvriers soient très réjouis, aux heures ou à l'âge du repos, de se retrouver encore *enfabriqués* ainsi Les portes sont d'une exiguité étrange, et entre ces murs, d'une élévation exagérée, il ne peut y avoir que des cours sombres et humides, de vrais puits d'exploitation. En général, l'homme aime un peu le changement; rompez donc un peu la misérable monotonie de l'existence renfermée de la plupart de nos ouvriers, en leur donnant un peu d'air, un peu de soleil, et voire même un peu d'art; — car l'art, chez nous, devient heureusement un besoin général, et, quelle qu'en soit la mesure, il en faut un peu pour tout le monde.

Nous pensons d'ailleurs que cette grande question sera plus sûrement résolue par l'édification d'une agglomération de maisons séparées, d'habitations de familles. A ce point de vue, nous préférons de beaucoup, au précédent projet, celui de M. Gourlier, avec *bains et lavoirs publics*.—L'aspect général est beaucoup plus gai, et toutes les conditions et circonstances particulières d'une semblable donnée, ateliers, infirmeries, chambres garnies, etc., nous paraissent mieux étudiées.

Nous ne craignons pas de décerner également des éloges au grand *Projet d'hôpital pour la ville de Genève*, de M. Auguste Bouvier. L'immense édifice est d'un style simple et digne, et d'une physionomie attrayante. Tout ce qui concerne la ventilation, les conduites et la distribution des eaux, ainsi que le chauffage et l'éclairage au gaz est consciencieusement étudié et très clairement présenté.

Enfin, si nous ne croyions pas avoir remarqué leur retrait depuis la réouverture du Salon, nous signalerions les divers projets de phares (Concours de l'école des Beaux-Arts), et nous dirions que celui de M. Delange nous a paru le plus ingénieux, celui de M. Just Lisch, le plus simple, et enfin, celui de M. Pertuisot, le plus drôle.

Nous allions oublier le projet d'un tronc (XIIIe siècle), pour l'église de Sainte-Radegonde, par M. Perrot. Le modèle est ingénieux, mais un peu lourd, et sentant plus le style du XIIe siècle que celui du XIIIe. La console, un peu trop maigre, est d'un mérite inférieur. Au-dessus de la porte du tronc, on lit cette inscription : *Deus Judex.* — Nous ajouterions : *Et testis.*

Voyez en outre, si vous en trouvez le temps, les longues théories, les vastes paradoxes architectoniques de MM. Pierre Landry et Albert Lenoir, sur les villes et *villages modèles* et sur l'*avenir des* XIe *et* XIIe *arrondissements.*

Il y a certainement encore, dans cette salle intéressante de l'architecture bien des œuvres dignes d'attention ; mais l'espace et le temps nous manquent : nous ne saurions tout décrire. Mentionnons pourtant encore quelques noms, un peu au hasard : M. Breton, pour ses *dessins et peintures de la chapelle Saint-Gilles, à Montoire;* M. Revoil, pour son *Cloître de Fréjus*, avec ses curieuses peintures aux tons sombres de la charpente du rez-de-chaussée, et son Château-Monastère du XIVe siècle, des îles de Lerins;—M. Stillière, pour ses trois maisons de Paris, du Tréport et de Chatou, en lui faisant observer que cette dernière est bien banale ; qu'elle porte une lanterne bien énorme à son sommet ; qu'on ne se rend pas bien compte d'un système de combles aussi plats, et qu'il me paraît devoir être peu agréable d'habiter là-dessous, l'été, en contact à peu près immédiat avec le zinc échauffé par le soleil de juillet. Je préfère une bonne chaumière normande au toit aigu ; — et enfin, M. Sulpis, pour sa gravure de l'intérieur d'une mosquée du Kaire, d'après un dessin de M. Adalbert de Beaumont, et destinée à l'ouvrage magnifique, mais bien coûteux et d'un achèvement bien difficile, le *Miroir de l'Orient*, entrepris par M. Prisse d'Avesnes.

VITRAUX.

Dans la salle de l'architecture, que nous venons de parcourir, se trouvent un certain nombre de dessins de verrières, telles que la chromolithographie de *l'arbre de Jessé, de la cathédrale de Chartres*, etc., par M. Beau ;—le vitrail de la *légende de Saint-Eustache* (XIIIe siècle), dans la cathédrale de Tours, par M. Guérin ; — les *verrières de l'église Saint-Godard*, de Rouen, par M. Breton, d'après M. Jollivet; ces dernières, d'un admirable rendu. Mais nous n'avions pas besoin de relever ces circonstances pour nous servir de transition. Le passage est tout naturel, en effet, de l'architecture à l'art du peintre verrier. La peinture sur verre est la décoration par excellence de nos vieilles églises gothiques ; elle est intimement liée au style architectural.

Nous assistons depuis quelques années à une véritable renaissance de la peinture sur verre, bel art, si longtemps et si complétement oublié, qu'on en avait cru le secret perdu. C'est avec joie que nous avons salué cette sorte de résurrection. Les progrès de nos artistes, éclairés par les travaux de MM. de Lasteyrie, Bontemps, Reboulleau, Thévenot, etc., ont été rapides et leurs succès éclatants. Le Salon nous offre cependant peu d'œuvres de ce genre ; mais il faut reconnaître qu'elles sont d'un transport et d'une installation fort difficiles. Nous supposons que l'administration, qui compte parmi ses chefs un homme aussi éclairé, aussi zélé que M. de Chennevières pour nos arts nationaux, a fait, à cet égard, tout ce qu'il était possible. Les vitraux qui ont trouvé asile aux Menus-Plaisirs y sont, d'ailleurs, exposés dans les conditions de jour les plus favorables.

Le vitrail, style renaissance, de M. Lobin, qui représente *Notre-Dame-de-l'Espérance*, est très harmonieux, bien que la vive couleur pourprée qui sert de fond à la figure ne soit pas suffisamment rappelée sur les bords, dans les détails d'encadrement.

M. Jourdy a donné des cartons de vitraux destinés à l'église Sainte-Clotilde. Nous en trouvons les couleurs un peu pâles, et ces tons de verrières du XVIe siècle jureront certainement avec ceux d'autres vitraux dont M. Lamothe a, de son côté, exposé les cartons préparés pour la décoration de la même église. Ce défaut d'harmonie doit être évité, non seulement dans un vitrail isolé, mais, dit M. de Lasteyrie, « dans l'ensemble de la vitrerie d'une grande église, une fenêtre ne doit non plus faire tache au milieu de l'harmonie générale. » On aurait donc eu grand tort de ne pas se préoccuper de l'effet d'ensemble dans l'ornementation de l'église en question.

Les cartons de M. Lamothe, d'un dessin magistral, présentent un abus de tristes robes de couleur brune qui obscurcissent toute la moitié inférieure de la verrière. Le ton de la face des deux personnages placés aux deux extrémités du vitrail est extrêmement pâle, tandis que, dans le visage et le cou de la troisième figure, le foncé est conduit jusqu'à la crudité de la pierre : — il est vrai qu'il s'agit du violent saint Jérôme ; mais la présence du lion allégorique aux pieds du saint, eût suffi pour caractériser l'éloquente énergie de ce personnage. Remarquons, en passant, que ce carton, fixé à une grande hauteur, se trouve ainsi placé dans de bonnes conditions pour l'exposition d'une semblable peinture, qui doit être vue sous un angle suffisamment aigu pour qu'on puisse bien juger de l'effet qu'elle pourra produire plus tard, une fois mise en place. Il est fâcheux que cette précaution n'ait pu être prise pour toutes les œuvres analogues.

Signalons aussi, dans l'une des salles ordinaires, un très joli dessin de M. Jean Marchand, habile peintre verrier de Tours. Cette reproduction de la *rose du Transept* de la cathédrale est on ne peut plus harmonieuse et bien exprimée.

M. Charles-Laurent Maréchal, dont nous avons, avec le monde entier, lors de l'Exposition universelle, admiré, à Londres, le *Bourgmestre* et le *saint Charles-Borromée*, a exposé cette année deux vitraux : *sainte Valère* et *sainte Clotilde*, pour l'église Sainte-Clotilde de Paris. Ces peintures sont admirables, et trop belles, peut-être, trop fines pour des peintures sur verre. Comme peintre, dans le dessin surtout, M. Maréchal a atteint le sommet de l'art. Il lui reste à s'observer ; et, pour ainsi parler, à se retenir, comme verrier. Sous ce dernier rapport, seulement, il peut lui être profitable d'étudier davantage les anciens maîtres.

La *sainte Rosalie*, de M. Didron, est aussi une très belle composition. Nous pensons seulement que la figure principale est un peu pâle, au milieu des tons francs et vigoureux des médaillons qui l'entourent.

C'est également une belle œuvre, parfaitement composée et réussie, que le *saint Jean-l'Évangéliste*, exécuté par M. Didron, d'après les cartons de M. Claudius Lavergne ;—mais la tête du personnage, peut-être trop finement travaillée à l'aiguille, contrarie un peu, selon nous, l'harmonie de l'ensemble.

En général, nous croyons que nos modernes verriers cherchent trop la perfection du dessin et du modelé, aux dépens de l'effet de la couleur ; tandis qu'ici, la prédominance doit être accordée sans hésitation à cette dernière partie. Chaque art a ses conditions particulières d'expression, et ne peut, sans danger, chercher à s'emparer des moyens qui appartiennent en propre à d'autres arts. L'artiste ne doit pas chercher à exécuter des tours de force, à se créer des difficultés, dans le seul dessein de faire admirer le talent avec lequel il parvient à les surmonter. Pourquoi a-t-on cherché à peindre le verre? Ç'a été, évidemment, pour obtenir une peinture translucide, faite pour être vue en transparence aux rayons de la lumière diffuse, et non, comme les tableaux ordinaires, aux rayons de la lumière réfléchie. La transparence et l'éclat des couleurs, voilà donc la première condition, le fondement de l'art du peintre verrier, — celui-ci ne doit pas le perdre de vue, et il doit user très sobrement de tout procédé qui tend à s'écarter de ce principe, en diminuant la transparence et l'éclat pour perfectionner le dessin, dont le fini et la pureté ne doivent être, ici, que des considérations secondaires.

ÉMAUX.

Nous ferons la même observation pour les émaux. En créant cet art de la fixation sur le métal d'une poussière colorante cristalline et métallique, ce qu'on a voulu surtout obtenir, c'est une peinture opaque, brillante et, en même temps, durable, indestructible. Si ce résultat était aussi bien obtenu par la peinture à l'huile et sur toile, il serait puéril de s'entêter à poursuivre un mode plus difficile et plus coûteux de représentation. Il en résulte que, cette fois, les concessions doivent être faites par l'artiste en faveur de la solidité des émaux, et que l'émailleur devra, comme le peintre verrier, prendre à tâche de rester dans les conditions propres à son art. C'est sous l'influence des principes que nous venons de poser, que nous jugerons les diverses œuvres de ce dernier genre de peinture.

Nous nommerons d'abord Mme Laurent, qui a exposé trois émaux : 1° un portrait en pied de *la princesse Mathilde*, d'après Giraud ; 2° *la Vierge au voile*, d'après Raphaël; 3° le portrait de Mme *la duchesse de Sutherland*, d'après Winterhalter. Le mieux réussi des trois, sauf les observations que nous ferons tout-à-l'heure, est, sans contredit, le premier. Nous trouvons le second trop pâle et trop poli ; il donnerait tort à l'émail contre la miniature et la porcelaine, ce qui ne doit pas arriver. Le dernier rend bien l'espèce de rudité polie et léchée de Winterhalter; mais, diverses parties de a cuisson ont été mal exécutées. Cette opération n'est sans doute pas faite par les soins et sous la direction personnelle de Mme Laurent. Il y a, de nos jours, trop peu de ces artistes complets, comme on en voyait tant au moyen-âge, qui veuillent se donner la peine d'effectuer eux-mêmes toutes les préparations nécessaires, qui sachent à fond toutes les parties accessoires de leur art, qui, tels que M. Sollier, par exemple, l'un de nos plus habiles et savants émailleurs, apprêtent seuls leurs plaques, leurs couleurs, leurs fonds, mettent et remettent au feu, etc.; et cependant, le progrès de l'art et la certitude du succès sont à ce prix. En général, nous ferons observer à Mme Laurent que sa peinture est délavée, et qu'elle ressemble trop à de la peinture sur porcelaine. C'est, en outre, une véritable hérésie en peinture sur émail que de vouloir faire des émaux trop grands et des peintures en pied, et ceci pour deux raisons : d'abord, la peinture d'émail demande beaucoup de fini, et dans les figures en pied, certaines parties, comme les accessoires, doivent nécessairement être lâchées; il en résulte dans l'ensemble un défaut d'harmonie toujours fâcheux. Ensuite les émaux sur cuivre doivent être convexes pour que les plaques ne se déforment pas au feu; la convexité des plaques augmente en raison de leur dimension, et cela dans une forte proportion, puisque le métal est nécessairement très mince : c'est le seul moyen de prévenir les dépressions qui pourraient se manifester à leur surface par suite du ramollissement produit par la cuisson. L'emploi de grandes plaques doit donc être évité, parce que leur excessive convexité romprait les lignes du dessin. — Ronquet, dans son livre intitulé : *De l'état présent des arts en Angleterre* (1755, in-12), a émis et très bien motivé cette opinion. Peintre en émail lui-même, et de quelque mérite, son opinion peut faire autorité. Le Musée possède de lui, ce nous semble, un beau portrait de M. de Marigny.

M. Allombert reste un peu confus dans le faire de sa *Pastorale*. Les couleurs sont mélangées ; les détails ne sont pas assez accusés dans le dessin, et il en résulte que, malgré l'artifice favorable d'un cadre creux de velours noir, on ne peut voir qu'indistinctement cette peinture.

Les *Anges gardiens* de M. Devers, cette immense peinture à pâte d'émail, sur terre cuite émaillée, que le public aperçoit dans l'une des cours de l'exposition, bien qu'ils soient loin de constituer un chef-d'œuvre, méritent l'attention et montrent quel parti pourrait tirer l'architecture des peintures d'émail, et ce qu'on pourrait en faire aussi pour la reproduction et la conservation indéfinie des plus belles créations de la peinture à l'huile. Mais nous devons dire, du reste, que, pour tout cela, nous recommanderions de préférence la grande peinture en émail sur lave, comme celle dont nous avons vu quelques heureux essais dans l'atelier du même M. Sollier, l'artiste éminent et complet dont nous parlions tout-à-l'heure. On a dit quelque part que les dépenses d'exécution du vaste émail de M. Devers s'étaient élevées à près de 10,000 fr. — Il doit y avoir erreur dans un pareil chiffre. Nous ferons observer que la lave de Wolvic revient environ à 70 fr. le mètre, tandis que la terre peut coûter 30 fr., et qu'elle est plus facile à émailler (1). — Mais la lave émaillée présente, sur les faïences, les avantages suivants : absence du retrait considérable déterminé dans les terres par la cuisson, — les plaques restent parfaitement planes ; — l'adhérence de l'émail est complète sur cette matière, qui, en raison de sa nature, a la plus grande affinité pour les émaux. — L'exécution peut y être plus franche et plus large, le dessin plus correct ; enfin, la lave présente un excipient d'une solidité presque indestructible ; — et, à ce propos, nous citerons ce fait du poële en lave émaillée, qui, lors de l'incendie du Théâtre-Italien, dont il ornait le foyer, fut brisé en morceaux par la chûte, sans que l'action du feu et toutes les autres circonstances du funeste événement aient pu amener la séparation des couleurs d'émail d'avec les plaques de lave. On a pu remarquer que plusieurs des morceaux de terre cuite employés par M. Devers se sont dejetés et *gondolés*. Quoi qu'il en soit, cette grande tentative excite l'intérêt, et nous recommandons l'examen sérieux de cette vaste composition, malgré ses défauts de couleur, et le goût très contestable de son encadrement de feuil-

---

(1) L'idée d'émailler la lave de Wolvic est due à M. Cagnard-Latour ; il prit pour collaborateur feu M. Mortelèque, qui se chargea de fabriquer l'émail et les couleurs. — Le but des inventeurs était de substituer la lave émaillée et peinte à la mosaïque dans la décoration intérieure et extérieure des édifices. Leur brevet est aujourd'hui tombé dans le domaine public.

lage et de fruits fort *crus* et *hors d'œuvre* en cette circonstance.

M. Devers a exposé, en outre, quelques autres travaux, notamment un *Portrait de Béranger*, peint sur porcelaine, d'après Ary Scheffer. Dans ce petit morceau, l'artiste n'a pu éviter complétement le défaut de froideur polie inhérent aux peintures sur porcelaine, et M. de Châtillon ne l'a pas évité du tout dans sa *Vierge à la chaise*, de Raphaël.

Autant nous taire que de répéter la même observation pour la *Sainte famille,* de M. Jadelot.

Du poli des peintures sur porcelaine, il nous serait facile de nous laisser glisser jusqu'aux miniatures; mais ceci n'est plus de notre domaine. Tout au plus, à cause de la couleur quelque peu archéologique de la mission qu'on a bien voulu nous confier, nous permettra-t-on de finir, en mentionnant une *Imitation des peintures de manuscrits*, par M. Jean Moreau, dont l'*Adoration des bergers* ne manque pas d'un certain mérite d'exécution, mais de naïveté suffisante, — défaut qui a son importance pour un travail de ce genre.

Nous n'avons pu citer toutes les œuvres dignes d'intérêt qui sont en grand nombre au Salon de cette année; mais le public, une fois son attention attirée sur les productions les plus saillantes, pourra la reporter ensuite sur les autres. En résumé, notre examen nous inspire une ardente confiance dans l'avenir de ces trois arts faits pour s'allier étroitement : l'architecture, la peinture sur verre et celle sur émail; et nous encourageons vivement nos artistes à développer de plus en plus ce glorieux mouvement de renaissance, dont la portée est infinie.

A. Baldi.

Paris. — Imprimerie de Dubuisson et Ce, rue Coq-Héron, 5.

www.ingramcontent.com/pod-product-compliance
Lightning Source LLC
LaVergne TN
LVHW052036160826
845678LV00003B/1379

* 9 7 8 2 3 2 9 6 3 7 1 1 2 *